내가 법을 만든다면?

글 유재원
서울대학교 법학과를 졸업하고 사법시험, 공인노무사시험을 합격했습니다. 현재 변호사,
공인 노무사로서 국회사무처 서기관으로 일하고 있습니다. 여러 해 동안 국회에서 법을 만드는
공무원(법제관, 입법조사관)을 경험하면서 어린이 법교육에 많은 관심을 보여 주었답니다.
'예술과 인문학을 잘 아는 변호사'로도 유명하고 법률신문, 대한변호사협회신문, 서울지방변호사회보,
국회보 등에 좋은 글을 기고해 오고 있습니다. 지은 책으로는 《어린이 로스쿨》 시리즈, 〈공부불패〉,
〈인문학 두드림 콘서트〉, 〈로스쿨생을 위한 리걸마인드〉, 〈별별 법 이야기를 들려줄게〉,
〈리걸마인드로 바라본 법률이야기〉 등이 있습니다.

글 한정아
대학과 대학원에서 문예창작을 공부하고 어린이책 작가로 활동하고 있습니다. 지은 책으로는
〈아리수의 오리〉, 〈나는 독도에서 태어났어요〉, 〈침팬지 숲은 즐겁다〉, 〈라이온 퀸과 세렝게티 친구들〉,
〈미생물은 힘이 세다〉 등이 있습니다. 대교 눈높이 아동문학상과 아동문학연구 문학상을 수상하였습니다.

그림 박지은
대학에서 아동학을 공부하고 한국과 영국의 대학원에서 일러스트레이션을 공부했습니다.
사회라는 과목을 처음 배우고 있는 딸에게 법이라는 다소 어려운 주제를 어떻게 하면 재밌게 전달할 수
있을까를 고민하며 작업했습니다. 〈소리가 들리는 동시집〉, 〈이솝우화보다 재미있는 세계 100대 우화〉,
〈새끼 서 발〉, 〈할아버지는 여든 아기〉, 〈돌멩이가 따뜻해졌다〉 등 다수의 동화책과 동시집을 작업하였고,
작업실을 공유하고 있는 두 딸들과 더불어 내일은 오늘보다 더 새롭고 재밌는 작업들을 해 보리라
다짐해 봅니다.

추천 이원우
서울대학교 법과대학을 졸업하고 같은 대학원에서 석사를 마치고 독일 함부르크 대학교에서
법학박사 학위를 취득했습니다. 독일 함부르크 대학교 경제법 연구소 연구원, 서울대학교 법과대학
교수를 거쳐, 현재 서울대학교 법학전문대학원(로스쿨) 원장을 맡고 있습니다.

토토 사회 놀이터

토토 사회 놀이터는 교과서 속 사회 지식을 재미있게 풀어낸 그림책 시리즈입니다. 초등학교 저학년 어린이들이 사회와
친해지고 스스로 정치와 경제, 법 등을 탐구하여 사회 전체의 흐름을 파악할 수 있도록 쉽고 재미있게 구성되어 있습니다.
토토 사회 놀이터에서는 사회도 놀이가 됩니다.

내가 법을 만든다면?

어린이 특별시

교과서 속 **법** 지식을
쉽고 재미있게 배워요!

글 유재원·한정아 | 그림 박지은
추천 이원우 (서울대 법학전문대학원 원장)

차례

나만의 법을 만드는 방법 6

1단계
가족법 만들기

가족법 알아보기 12
다양한 가족 알아보기 16
이런 가족법을 만들어요 18

2단계
학교법 만들기

학교법 알아보기 26
다양한 학교 알아보기 32
이런 학교법을 만들어요 34

3단계
사회법 만들기

사회법 알아보기 · · · · · · · · · 42
이런 사회법을 만들어요 · · · · · · 46

4단계
법안 통과하기

법은 이렇게 만들어져요 · · · · · · 54
법률 실천하기 · · · · · · · · · · · 60

모든 준비는 끝났다! · · · · · · · · · · 62

어린이 특별시의 법을 소개합니다! · · · 64
내가 만든 법을 소개합니다! · · · · · · 66
한눈에 보는 법 만들기 · · · · · · · · 68
용어 설명 · · · · · · · · · · · · · · · 70

나만의 법을 만드는 방법

자, 어린이들! 어린이 특별시는 어린이들을 위한 특별 행정 구역이에요.
신나는 어린이 세상을 만들 수 있지요.
그렇다고 꼭 어린이만 살아야 하는 것은 아니에요.
어른도 필요할 때가 있잖아요?

어차피 세상은 다양한 사람들이 모여 살며 서로 돕기도 하고,
함께 일을 하기도 하고 여러 가지 일들이 일어나기도 하니까요.
그 일들 속에서 즐겁게 살기 위해 꼭 필요한 게 있어요.
바로 법이지요! 우리가 살아가는 공간 어디에나 법이 존재해요.
여러분이 좋아하는 놀이공원에도, 어른들이 좋아하는 찜질방에도,
물건을 사는 마트에도 말이죠! 법을 피해 집 안으로 숨어들면 법이 없을까요?
가족만 사는 우리 집에도 엄연히 법이 자리 잡고 있어요.
으악! 비명이 나올 것 같다고요. 쉿! 다 필요하니까 있는 거예요.

지금부터 법에 대해 알아보고 한번 만들어 봐요. 어린이가 법을 만들 수 있냐고요?
있어요! 아동용 세면대를 설치하라는 '공중화장실법'은 동생의 불편을 덜어 주고자
어린이가 제안해서 실제로 만들어진 법이에요.

마침 어린이 특별시는 막 세워져서 법이 없어요. 잘됐죠?
마음대로 법을 만들 수 있으니까요!

1 가족을 위한 법을 만들어요!

가족은 아주 친한 사이지만 싸울 수도 있고 오해할 때도 있잖아요? 또 공평히 나눌 것들도 있지요. 가족법이 있어야 가족 간에 생길 수 있는 분쟁을 해결하고 화목한 가정을 지킬 수 있어요.

2 학교를 위한 법을 만들어요!

학교는 어린이들이 많이 모여 생활하는 곳이에요. 싸움이 일어날 수도 있고 자칫하면 사고가 날 수도 있죠. 학교에서 생활하는 동안 어린이들의 몸과 마음을 안전하게 지켜 주고 학교를 잘 운영하기 위해서는 학교법도 있어야 해요.

3 사회를 위한 법을 만들어요!

사회는 가정보다, 학교보다 훨씬 복잡한 곳이에요. 뉴스에서 보면 매일매일 사건 사고가 없는 날이 없지요. 수많은 사람들이 나쁜 일로부터 보호받고 평화롭게 살기 위해서는 사회법이 꼭 필요해요.

> 법으로 따지기 전에 상대방의 입장을 이해해 보고 화해하면 더 착한 어린이와 어른이 될 수 있어요!

잠깐!

저런, 복잡하고 어려워 보인다는 표정이네요.
판사, 검사, 변호사처럼 법 공부를 많이 한
사람만 법을 만들 수 있는 거 아니냐고요?

옛날, 아주 옛날에 이런 전문가들이 없을 때에도 법은 있었어요.
사람들이 살아가면서 무슨 일이 일어날 때마다 갈등을 해결하고, 그에 합당한
처벌을 하면 그게 법이 되었어요.

생각보다 아주 단순하고 쉽지요?
당장 법을 만들 수 있을 것 같지 않나요?

실제로 어린이들이 법을 제안하여 국무 회의에 제출한 법안들이에요.
(법제처에서는 어린이들에게 법에 대한 관심을 높여 주고 지식을 주기 위해 '어린이 법제관 제도'를 운영하고 있답니다. 관심 있는 어린이들은 참여해 보세요!)

여러분도 필요한 법을 스스로 만들 수 있답니다!
자, 주변을 둘러보면서 어떤 법이 있으면 좋을지 생각해 봐요!

가족법 만들기

'으앙!' 하고 세상에 태어나 보니 우리는 가족의 한 사람이 되어 있었어요. 엄마와 아빠를 선택한 적도 없고, 할머니와 할아버지를 고른 적은 더더욱 없고 말이에요. 마음에 드는 가족도 있고, 바꾸고 싶은 가족도 있겠지만 가족을 물건처럼 교환하거나 환불할 수는 없잖아요? 서로 배려하고 지킬 것을 지키며 사랑으로 잘 살아야지요. 그러기 위해 우리가 가족법을 만들어 보는 거예요. 어린이 특별시답게 특별히 어린이를 위한 법을 만들어 볼까요?

가족법 알아보기

가족끼리 꼭 법으로 해결해야 하냐고요? 음~ 아주 작은 사회이기는 하지만 사람들과 관계를 맺어 부부가 되고, 형제자매가 생기고, 친척이 이루어진 게 가족이에요. 이렇게 사람들 사이의 문제를 해결하는 법을 민법이라 부르고, 죄를 판단하고 벌을 주는 법을 형법이라 불러요. 가족과 관련된 법도 아주 많답니다.

가족이 만들어져요

엄마와 아빠가 결혼하면서 일단 가족은 시작돼요. 남자와 여자가 만나서 사랑하고 결혼하는 데도 법은 관계되어 있어요. 결혼은 법적으로 혼인 계약 관계예요. 여러분이 태어나면서 그 가족은 점점 더 커지는 것이고요.

가족으로 인정해요

얼굴이 닮고 혈액형이 같고, 한집에 산다고 다 가족이라고 생각하지 마세요. 기본증명서, 혼인 관계 증명서, 가족 관계 증명서 등등 가족을 증명하는 서류들이 가족임을 증명할 수 있어요. 가족도 법적으로 인정받아야 한다는 것이지요.

가족을 보호해요

내 가족이니까 마음대로 대해도 된다고요? 큰일 날 소리예요! 가족일수록 서로 존중하고 잘 보살펴야 해요. 가족끼리도 권리와 의무가 있어요. 정신적, 육체적으로 폭력을 가하는 가족은 그 권리를 빼앗도록 규정한 법도 있고요.

가족이라 주고 싶어요

귀한 보물이나 맛있는 음식을 보면 누구보다도 가족과 함께 나누고 싶은 게 보통 사람의 마음이에요. 법적으로도 가족이나 친척 관계에서 서로 재산을 주고 받을 수 있어요. 그래서 부모가 세상을 떠나면 특별한 유언이 없는 한 자녀들이 재산을 상속받아요.

아동 복지법 제71조

어린이의 신체에 손상을 주거나 정신적으로 학대하거나 기본적인 의식주를 소홀히 하는 등 어린이를 잘 보살피지 않는 행위(교육을 소홀히 하는 것도 포함해요)는 징역형이나 벌금형으로 처벌될 수 있어요.

가족과 관련된 법률 정말 많아요!

사람이 태어나서 가족의 구성원이 되고, 성장해서 결혼을 하고, 자녀를 낳고 죽을 때까지 사람의 일생이 가족법과 관련되어 있어요. 어떤 법들이 있는지 시간의 순서대로 알아볼까요?

가족 관계 증명서
가족의 이름이 주~욱 나와 있어서 서로 가족이라는 사실을 증명해요.

출생 신고서
아기가 세상에 태어나면 먼저 나라에 신고를 해요. 아기의 이름을 지은 뒤 주민 센터나 구청에 가서 신고를 해야 해요. 꼭 한 달 안에 해야 과태료를 내지 않아요.

사망 신고서
태어날 때와 마찬가지로 세상을 떠날 때도 신고해야 해요.

취학 통지서
학교를 다닐 때가 되면 이런 종이가 집으로 날아와요.

입영 통지서
더 훌쩍 크면 (남자의 경우) 이런 종이도 날아오고요. 건강에 별 이상이 없으면, 만 20세가 된 남자들은 입영 통지서를 받고 군대에 가요. 사정이 있어 좀 늦게 가는 경우도 있지만 꼭 가야 한답니다.

입양 동의서
직접 낳지 않은 아이를 데려와 부모와 자식 간의 관계를 만들 때도 법적으로 허락이 필요해요.

혼인 신고서
부부가 되고 싶으면 법으로 인정받아야 해요. 결혼 당사자들과 두 명의 증인 서명이 필요해요.

다양한 가족 알아보기

가족의 모습이 다 똑같지는 않아요. 가족의 수도 다르지요. 사회가 변화하면서 가족의 모습도 다양해지고 있답니다. 모든 가족이 행복할 수 있도록 가족들을 돕는 법들도 다양하지요.

다문화 가족

우리나라 사람과 외국인이 결혼해서 가정을 이룬 가족이에요. 다문화 가족의 어린이들은 혼혈로 우리나라 사람과 피부색이 달라요. 다문화 가족의 구성원들이 차별받지 않고 우리 사회에 적응할 수 있도록 도와주는 '다문화가족지원법'이 있어요.

한 부모 가족

엄마나 아빠 둘 중에 한 명만 있는 가족이에요. 한 부모 가족의 자녀들이 씩씩하게 자랄 수 있도록 법으로 지원하고 있지요.

조부모 가족

부모가 사정이 있으면 할머니, 할아버지가 손자, 손녀를 키울 수 있어요. 아이들을 잘 키울 수 있도록 조부모 가족의 생활과 아이들을 돌봐 주는 법도 있어요.

입양 가족

자신이 낳지 않은 아이를 데려와 부모와 자식 간의 관계를 맺은 가족이에요. 입양 절차가 법적으로 까다롭지만, 입양한 자식을 키우는 데 도움을 주는 법들도 있어요.

다문화가족지원법 제5조

국가와 지방 자치 단체는 다문화 가족에 대한 사회적 차별 및 편견을 예방하고 사회 구성원이 문화적 다양성을 인정하고 존중할 수 있도록 다문화 이해 교육과 홍보 등 필요한 조치를 하여야 한다.

이런 가족법을 만들어요

"엄마, 아빠라고 자식에게 이렇게 하는 법이 어디 있어?"
억울한 생각이 들었었다면 이런 일을 고치도록 법을 만들면 좋겠죠?
차근차근 법안을 만들어 볼까요?

인격을 법으로!

"쯧쯧! 너는 커서 뭐가 되려고 그러니?"
"옆집에 사는 장모범처럼 공부 좀 잘해 봐라!"
이런 말을 들으면 엄청 자존심 상한다고요?
기분 나쁜 말들을 하지 못하도록 법으로 정하자는 의견이 나왔어요.

이해를 법으로!

어린이의 마음을 이해하도록 하는 법도 필요하다고요? 친구와 놀기도 해야 하고 게임도 실컷 하고 싶은데 학원도 많이 다니고 숙제도 많아서 시간이 없다는 거죠? 계속 공부, 공부 잔소리 듣는 것도 큰 스트레스고요! 어린이에게 스트레스를 주는 어른들은 꼭 어린이로 살아 봐야 한다는군요!

시간을 법으로!

가족이 각자 너무 바쁘다고요? 한집에 살면서 얼굴 보기 힘드니 정한 시간만큼 서로 얼굴 보여 주자는 제안이네요. 정해진 시간에 귀가하여 저녁을 같이 먹고 주말은 함께 시간을 보내고요. 아! 어린이들도 친구와 놀아야 할 시간과 스마트폰 할 시간을 양보하여 부모님과 놀아 주겠다는군요.

그러나!
법으로 해결하기 전에 서로 배려하는 편이 더 좋기는 하겠죠?
가족이니까요!

가족법 만들기 실전편

가족은 한 나무에서 뻗어 나간 수많은 나뭇가지들처럼 서로 긴밀한 관계를 맺고 있어요. 하지만 서로 신경 좀 써 줬으면 하는 문제들도 그만큼 많아요. 자, 마음속에 담아 두지만 말고 하고 싶은 말들을 꺼내 나뭇가지에 걸어 보는 거예요.

이해 · 형제 · 체벌 · 마음 · 주말 · 역할 · 가족 · 서로 · 합의 · 잔소리 · 시간 · 게임 · 금기어 · 남 · 친구

중요한 낱말들을 나무에서 먼저 떼어 내요. 그 낱말들로 법안을 만드는 거죠.
오, 부모님의 입장을 고려한 좋은 의견들도 나오겠는데요?
아주 공정한 법을 만들 수 있겠어요!

우리 가족의 가족법

제1조 우리 가족은 아빠, 엄마, 누나, 나를 가족으로 한다.
제2조 서로 좋다고 합의하면 남도 가족이 될 수 있다.
제3조 우리 집의 가훈은 '모두 사랑하라'로 한다.
제4조 잘못을 하면 때리지 않고 말로 타이른다.
제5조 놀 때는 잔소리를 하지 않는다.
제6조 다만, 숙제가 밀리면 잔소리를 해도 된다.
제7조 아빠는 일주일에 두 번 이상 7시까지 들어온다.
제8조 가족끼리 서로 해서는 안 될 말을 '금기어'로 정한다.
제9조 주말은 가족과 함께 아주 즐거운 시간을 보낸다.
제10조 서로의 마음을 이해하지 못할 때는 24시간 이상 역할을 바꾸어 생활한다.

내 의견이 법안으로 채택되지 않았다고 실망하지 마세요. 엄마, 아빠와 상의해서 집 안에서 지킬 규칙으로 만들면 되니까요. 엄마, 아빠도 여러분과 사이좋게 지내고 싶을 거예요, 분명!

일단 법으로 정해지면 꼭 지켜야 해요. 안 지키면 벌을 줘야 하고요.
법은 이렇게 강제적으로 적용을 시키는 거예요.
그런데 가족 규칙은 강제성이 없어요. 마음이 뜨끔할 테니 알아서 해야겠죠?

우리나라 최초의 법은?

우리 조상들은 사회의 질서를 유지하기 위해 일찍부터 법을 만들어 사용했어요.
우리나라 고조선에서 처음 만들어진 법은 무엇일까요?

① 만민법　　② 헌법　　③ 8조법　　④ 함무라비 법전

★정답은 72쪽에서 확인하세요!

 **세계의 별별 가족 풍경**

시대가 다르고 나라가 다르면 법도 달랐겠죠? 옳다고 생각하는 의견들이 달랐을 테니까요. 우리나라의 재미난 옛 법과 세계 속 별난 법을 알아볼까요?

호주 제도와 장자 상속 제도

조선 시대에는 이왕 태어날 거 큰아들로 태어나는 게 좋았어요. 집과 재산을 거의 물려받았으니까요!

신분도 상속되었어요

홍길동이 호부호형을 못한 건 어머니가 노비였기 때문이에요. 억울하게도 부모 중 낮은 쪽 신분을 이어받는 게 조선 시대의 법이었다네요!

손자도 할아버지도 군대에 가야 했어요

조선 시대의 남자들은 16세부터 60세까지 부역의 의무가 있었어요.

아프가니스탄의 가족법

아프가니스탄의 이슬람교의 시아파 여성들은 남편의 허락 없이 할 수 없는 일들이 많아요.

남편이 허락을 안 해서 병원도, 직장도 다닐 수가 없어요. 흑흑!

조선 시대에는 부부 간의 도리도 나라에서 정했어요

부인이 죽은 후 3년이 지나야 재혼을 할 수 있었다네요. 정말 의리 있죠?

북한의 가족법

북한의 가족법은 사회주의에 충실한 가정을 만드는 게 목적이에요!

결혼식은 지도자 동지 사진 앞에서!

이혼과 상속은 재판소에서!

영국 왕실의 가족법

영국의 왕족들은 꼭 교회식으로 결혼식을 올려야 해요.

2단계
학교법 만들기

주말을 빼고 매일 아침마다 어린이들이
꼭 가야 하는 곳이 학교예요.
어린이 특별시라면 학교가 없어야 하지 않냐고요?
안됐지만 어린이 특별시에도 학교는 있어요.
다만 어린이들을 위한 특별한 학교지요.
여러분이 학교법을 잘 만든다면 더 마음에 드는
학교가 될 수 있어요!

학교법 알아보기

어린이라면 누구나 학교에 다녀요. 또 학교에서 많은 시간을 보내지요.
안 가면 안 될 것 같아서 열심히 다니고 있다고요?
맞아요! 정말 안 가면 안 된답니다. 학교법에 대해 자세히 알아봐요!

모두 가야 해요

학교에 다니는 것은 국민의 의무이자 권리예요. 초등학교와 중학교는 의무 교육으로, 국가는 여러분에게 무료로 교육을 시켜 주고 여러분의 부모님은 여러분을 학교에 꼭 보내야 해요. 안 보내면 법을 어기는 거예요. 마음대로 학교를 안 가면 큰일 나겠지요?

모두 건강해요

어린이는 우리나라의 미래예요. 건강하게 잘 커야 한답니다. 그래서 어린이들의 건강과 바른 먹거리에 관한 법도 정해 놓고 있어요. 학교에서 하는 신체검사도, 맛과 영양을 따진 급식도 그냥 있는 게 아니에요. 나이에 맞게 잘 크고 있는지, 좋은 재료를 쓰고 있는지 다 법이 감시하는 거예요.

모두 즐거워요

어른 시절도 행복해야 하지만 어린 시절은 더욱 행복한 시간을 보낼 필요가 있어요. 나쁜 추억은 아직 어리고 순진한 어린이들에게 큰 상처가 될 테니까요. 학교에서 친구에게 폭력을 당하거나 선생님에게 마음의 상처를 받는다면 아주 슬프고 불행한 일이에요. 학교법에는 어린이들의 몸과 마음을 보호하기 위해서 학교 안의 폭력을 방지하는 법도 있어요.

모두 안전해요

도로 교통법, 교통사고 처리 특례법, 학교 보건법, 특정 범죄 가중 처벌법. 이름도 무시무시한 이 법들이 여러분들을 보호하기 위한 학교법들이에요. 어린이들은 아직 어려서 스스로 보호할 힘도 약하고 판단력도 미숙할 때가 있어요. 기분이 좀 나쁘다고요? 그래도 위험한 것보다는 낫잖아요. 어린이들이 많은 장소일수록 안전이 최고니까요. 이런 학교법들이 줄줄이 있어서 부모님도 마음 편히 여러분들을 학교에 보내고, 여러분들도 안전하게 학교에 다닐 수 있는 거예요.

학교 속 별별 법모

학교가 단순하고 밋밋한 사각형 건물로 보이나요? 여러분이 공부하고 노는 학교 곳곳에 법들이 쫘~악 깔려 있다면요? 놀랍겠지요?

학교
아무리 배울 게 많아도 밤 10시 전에는 모두 집에 가야 해요.

교실
폭행, 감금, 협박, 강요, 강제적인 심부름, 따돌림, 사이버 따돌림을 하면 법에서 처벌할 수 있어요!

교무실
선생님들에게 함부로 행동하다간 처벌받는 수가 있어요. 선생님들에게 신체에 상해를 입히거나 모욕적인 말을 하면 그 자체로 범죄가 될 수 있고 '교권' 침해가 될 수 있답니다.

급 수 대

급수대
물이 깨끗한지 한 달에 한 번 이상 검사해요.

급식실
위생적인 환경에서 합리적인 영양 기준에 맞는 음식을 만들어야 해요!

화장실
공중화장실에 관한 법 제14조에 따르면 화장실 벽에 낙서하면 안 된답니다.

식품 보관실
음식 재료를 위생적으로 보관하기 위해 바람이 잘 통하고 물도 잘 빠지는 곳에 지어요.

소화기
불이 나면 작동하는지 한 달에 한 번 이상 검사해요.

승강기
사용하기에 안전한지 한 달에 한 번 이상 검사해요.

학교 밖 별별 따목

학교 밖도 다르지 않아요!
교문을 나서는 그 순간부터 각종 법들이
자리 잡고 있지요.

학교 앞 노점상

쫀득하고 달달한 불량 식품으로
어린이를 유혹하면 어린이
식생활안전관리 특별법 위반이에요!

학교 정문

학교 정문에서 300미터 이내의
통학로에서는 자동차를 주차하거나
빨리 달려서는 안 돼요.
어린이 보호 구역이에요!

피시방
18세 미만 청소년은 아침 9시부터 밤 10시까지만 입장할 수 있어요. 밤 10시 이후에도 있고 싶으면 엄마나 아빠와 함께 가면 돼요.

문방구 안 게임기
학교 앞은 학교 환경 위생 정화 구역이에요. 학교 보건법에 따라 게임기를 갖다 놓으면 안 돼요!

편의점
19세 미만의 청소년에게 해가 되는 물건을 팔면 안 돼요!

패스트푸드 가게
학교와 학교 주변 200미터 이내에는 '그린푸드 존'이라는 제도가 있어요. 피자, 햄버거, 탄산음료와 같이 '고열량 저영양' 식품을 팔지 못하게 하고 있어요.

다양한 학교 알아보기

모두 똑같은 학교를 다니는 것은 재미가 없다고요?
물론 즐겁게 학교를 다녀야 하지만 재미로만 다닐 수는 없죠!
하지만 사람마다 처한 상황이 다르고 할 수 있는 것들이 다르다면?
남들과 똑같은 학교를 다닐 필요는 없어요. 학생의 특성을 고려해서
다양한 학교를 설립하고 교육 목적과 내용을 다르게 정한 경우도 많아요!

대안 학교

나라에서 정한대로 똑같이 수업하는 학교가 아니라 현장 학습 같은 체험 위주의 교육, 인성 위주의 교육, 또 개인의 적성과 소질에 맞는 교육을 하고자 만든 학교예요.

학교의 목적과 학생의 특성에 따라 자유롭게 교과목을 정할 수 있지요. 하지만 국어와 사회는 필수로 가르쳐야 하고, 교사의 자격도 초중등교육법에 따라 일정한 자격을 갖추도록 하고 있어요.

다문화 가족의 학생이나 탈북 가족의 학생, 일반 국립 학교에서 생활이 어려웠던 학생들이 다시 학교생활을 하고 사회로 적응하도록 대안 학교를 늘리고 법도 현실에 맞게 개정되고 있어요.

답답한 교실은 싫어요.

외국인 학교

우리나라에 살고 있는 외국인 학생들이 일반 학교에 다니면서 학교생활을 하기는 쉽지 않아요.

외국인 학교는 국내에 거주하고 있는 외국인 학생들을 위해 만든 학교예요. 이 학교에서는 학생들이 자기 나라의 언어로 수업을 받을 수 있어요.

예전에는 외국 시민권이나 영주권을 갖고 있거나 해외에서 5년 이상 거주한 학생들만 입학할 수 있었지만 엄마, 아빠 중에 한 명이 외국인이거나 학생이 외국에 3년 이상 거주한 경우에는 입학할 수 있도록 법이 바뀌었어요.

검정고시

피치 못할 사정이 있어 학교를 다니지 못했거나, 졸업하지 못해도 너무 낙심할 일은 아니에요! 공부를 해서 검정고시 시험을 보면 졸업장을 딸 수도 있고 계속 공부할 수도 있으니까요.

중학교 입학시험, 중학교 졸업 자격시험, 마찬가지로 고등학교 입학시험과 고등학교 졸업 자격시험이 있어 합격하면 대학 시험을 볼 수도 있어요. 집안 형편이 어렵거나 건강이 좋지 않아 공부를 미룬 사람들도 얼마든지 공부할 기회를 법으로 만든 거예요!

이런 학교법을 만들어요

어린이들을 보호하기 위해 각종 학교법이 있다는 것은 이제 알았죠?
그럼, 어린이 특별시에 꼭 있었으면 하는 법에 대해 생각해 봐요.

시간을 법으로!

수업 시간은 꼭 지켜져야 한다고요? 수업 시간이 끝나는 종이 울렸는데도 계속 수업하는 것은 도저히 못 참겠다고요? 못 들은 척 수업을 계속 하는 선생님이 다시는 그러지 못하도록 법을 만들고, 어겼을 경우 마땅한 벌을 줘야 한다는 의견이네요. 이거, 어린이 특별시 선생님들은 주의해서 수업 시간을 준수해야겠는데요.

사랑을 법으로!

폭력을 가한 사람이 진심을 담아 그 피해만큼 상처 입은 사람을 안아 주고 돌봐 줘야 한다는 의견이 나왔네요. 폭력을 휘두른 사람이 처벌을 받는 것으로는 피해를 받은 사람의 상처가 치료되지 않는다는군요. 정말 반성하고 미안해해야 폭력을 당한 학생의 마음이 풀린다는 얘기겠지요!

놀기를 법으로!

어린이의 건강을 생각해서 놀기를 필수 과목으로 넣으라고요? 놀기 예습, 놀기 복습, 놀기 숙제도 내고요? 하긴 요즘 정서적으로 불안한 친구들이 많아요. 너무 바쁜 일상과 공부 때문에 마음에 병이 든 친구들도 있고요. 놀기 과목이 필수과목으로 정해진다면 어린이 특별시 어린이들은 정말 마음이 건강해지겠군요!

안전을 법으로!

어린이 보호 구역 내의 모든 장애물을 없애 달라고요?

자동차뿐 아니라 걷기, 달리기에 방해되는 어떠한 방해물도 출입하거나 설치하지 못하도록 하라고요? 만화책을 보며 걸어도 걸리는 데가 없고, 장난치다가 마음껏 달릴 수도 있고, 축구공이 떨어지면 차면서도 갈 수 있도록 어린이 보호 구역을 어린이 광장처럼 만들라는 얘기군요. 그럼, 학교 가는 길이 안전하고 훨씬 즐거울 수는 있겠네요!

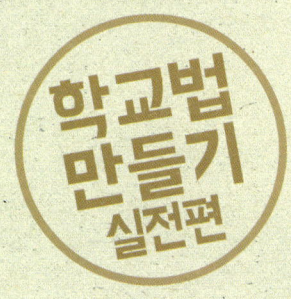

학교법 만들기 실전편

여러분의 의견을 담은 학교법을 만들어 볼까요?
먼저 원하는 학교생활에 대해 생각해 봐요. 친구들과의 관계도 좋고, 학교에서 생활하면서 불편했던 점 등 모두 모두 좋아요. 지금까지 꿈꿔 왔던 학교에 대한 생각들을 법으로 만들어 보는 거예요!

즐거운 학교
체육 시간을 늘려요

평등한 학교
선생님도 규칙을 지켜요

신나는 학교
놀기를 필수 과목으로 정해요

자유로운 학교
원하는 시간에 쉬는 시간을 해요

사랑의 학교
언어폭력, 주먹질 모두 안 돼요

쾌적한 학교
꽃과 나무도 울창하게 심어 주세요
(벌은 따로 관리해 주세요)

와, 이대로만 된다면 정말 행복한 학교생활을 할 수 있겠는데요?
하지만 법은 여러 사람이 공감해야 하고 현실적으로 적용 가능해야 해요.
여러분들이 의견을 제안한 이유를 들어 보고 결정하는 게 좋겠어요.

혼자 결정하기 어렵나요? 그렇다면 친구들과 토론해 봐요. 어떤 의견을 어린이 특별시 학교법으로 정할지! 누구보다도 법을 지킬 구성원들이 필요로 하는 법을 만들어야겠죠? 필요성을 알아야 그 법을 잘 지킬 수도 있고 말이에요. 오, 드디어 법률안이 결정됐군요!

우리 학교의 학교법

제1조 학생과 교사는 철저히 수업 시간을 준수한다.

제2조 폭력은 절대 금지하고, 늘 사랑으로 가르친다.

제3조 어린이들의 정서를 위한 교과목을 정한다.

제4조 어린이 보호 구역 내 보행에 방해되는 시설물을 금지한다.

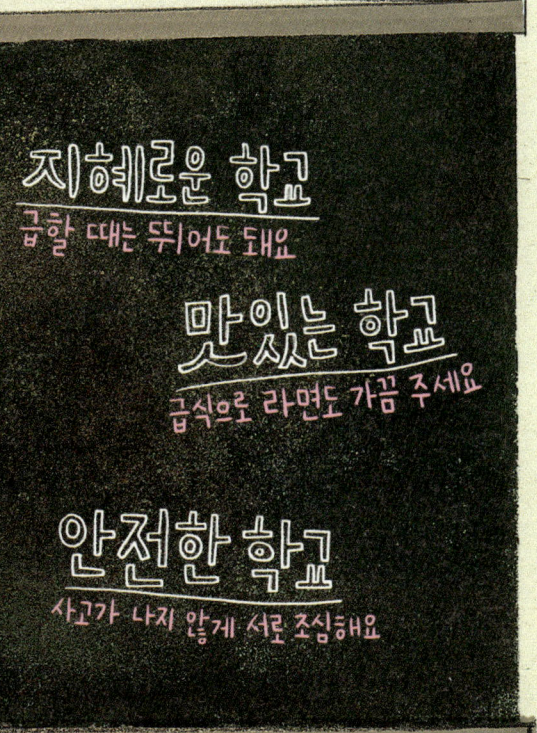

지혜로운 학교
급할 때는 뛰어도 돼요

맛있는 학교
급식으로 라면도 가끔 주세요

안전한 학교
사고가 나지 않게 서로 조심해요

"학교를 답답하고 재미없는 곳으로 생각하는 아이들이 많아요."

"맞아요. 학교를 가고 싶은 곳으로 만들 법이 필요해요."

"학교를 즐거운 곳으로 만들면 돼요!"

"우리를 꽃처럼 예쁘게 길러 주세요. 물만 주지 말고 라면도 주면서……."

"그래야 따르고 가르침을 받을 수 있어요!"

"선생님에 대한 신뢰감도 있어야 해요!"

세계 속 별별 학교

우리나라의 역사 속 어린이들, 혹은 다른 나라 어린이들의 학교생활은 어떤지 궁금하지 않나요? 학교법을 통해 그 시절 그 나라의 어린이들은 학교생활을 어떻게 했는지 알아볼까요?

조선의 초등학교라고 할 수 있는 서당에는 남자만 다닐 수 있었어요

남자아이들만 서당에 다니며 공부하고 과거 시험을 봐서 벼슬을 할 수 있었지요.

관습과 관습법

서당뿐 아니라 조선 시대에는 여자가 바깥을 돌아다니는 것을 매우 꺼려했어요. 여자들은 모습을 함부로 드러내서도 안 되고, 남자들과 같은 자리에 앉는 것도 피하는 게 관습이었어요. 관습이란 한 사회에서 오랜 시간에 걸쳐 반복되어 사람들이 자연스럽게 사회 규범으로 받아들이는 규칙 같은 것을 말해요. 관습 중에서 강제로라도 꼭 지키도록 해야 할 정도로 옳다고 여겨지는 것들은 법이 되기도 하죠. 이것을 관습법이라고 해요. 하지만 글로 적은 법은 아니기 때문에 관습법을 어겼다고 형법상 처벌을 받지는 않았어요. 귀는 좀 간지럽겠죠? 사람들이 손가락질하며 수군될 테니까요!

일제 강점기 때는 일본식으로 이름을 바꿔야 학교에 갈 수 있었어요

우리의 민족성을 말살하기 위한 일본의 정책이었지요. 하지만 자식의 교육을 위해서라면! 부모들은 이름을 바꿔 주지 않을 수 없었답니다.

이슬람 국가에서는 여학생들이 얼굴을 가리고 학교를 가야 해요

여자는 신체를 많이 드러내지 않아야 정숙하다는 생각 때문이었지요. 이 교칙을 어기면 법에 따라 처벌을 받기도 한다고 해요.

싱가폴에서는 남학생만 매를 맞아요, 어른도 잘못하면 맞고요

남학생들만 회초리로 엉덩이나 다리를 맞는다고 하니 꽤 억울했겠지요? 어른들은 남녀가 똑같이 엉덩이를 맞는다니 그건 공평하네요.

3단계
사회법 만들기

가족도 학교도 작은 사회였지만 범위나 관계가
한정되어 있어 보호받기 쉬운 사회였어요.
하지만 진짜 사회는 넓고, 모르는 사람 투성이에,
예상치 못한 일이 얼마든지 일어날 수 있는 곳이에요.
어린이 특별시에서도 그건 마찬가지지요!
어린이를 위한 사회법을 잘 만들어야겠지요?

사회법 알아보기

우리가 속한 세상이 곧 사회이고, 정치, 경제, 외교, 국방, 문화, 예술 등 생활과 관련된 많은 일들이 곧 사회생활이에요. 주로 어른들의 문제 같지만 어린이들의 생활과도 밀접해요. 어린이도 이 사회의 구성원으로 같이 살아가니까요. 어린이와 직접 관련된 사회법은 어떤 것들이 있을까요?

약자를 보호해요

사회법은 모든 사회 구성원이 불이익을 당하지 않도록 만든 법이지만, 그중에서도 사회적 약자를 특히 배려하도록 법으로 정하고 있어요. 어린이와 노인, 장애인들을 위해 보호 구역을 정하여 더 나은 생활을 하도록 여러 가지 복지법도 만들어져 있고요. 약자를 배려하고 보호하는 사회에서 모두가 마음 놓고 살 수 있는 것이지요!

어린이를 우대해요

사회는 어린이를 특별히 모신답니다. 버스비를 조금 지불하게 하고, 각종 장소에서 할인 혜택도 제공하지요. 또 위험한 일이 있을 때는 어린이를 우선적으로 구해 주어요. 어린이는 곧 우리나라의 미래니까요!

범죄로부터 보호해요

어린이를 상대로 범죄를 저지른 어른들은 어떻게 될까요?

교통사고 처리 특례법, 특정 범죄 가중 처벌법, 아동 청소년 성 보호법 등이 범죄자들의 나쁜 버릇을 엄중하게 처벌해 준답니다. 어린이들의 안전을 위해서라면 모두가 나서야 해요.

환경을 지켜요

지구의 깨끗한 환경을 지키는 것도 바로 어린이를 지키는 일이에요. 대기 환경 보전법으로 맑은 공기를 마실 수 있게 하고, 수질 수생태계법으로 깨끗한 물을 마시게 해요. 폐기물 관리법으로 쓰레기 없는 환경을 만들어 주고요. 법대로 하면 깨끗한 곳에서 잘 살 수 있겠죠?

미성년자 처벌 금지

14세 미만의 어린이는 죄를 지어도 처벌을 받지 않도록 하고 있어요(형사 미성년자제도).

14세에서 19세 미만의 미성년자는 소년법에 따라 형벌을 내리지 않고 보호자의 감독을 받게 하거나 병원에서 치료를 받는 보호 처분을 하기도 해요.

구석구석 사회법

우리 사회 구석구석에 퍼져 있는 사회법을 분야별로 알아보아요!

사회

정치인들이 필요한 돈을 받는 것은 죄가 안 돼요

👉 정치 자금을 몰래 받지 말고 아예 떳떳하게 정치 후원금을 모으라고 '정치 자금법'을 만들었어요.

정치인들은 죄를 지어도 함부로 체포할 수 없어요

👉 대통령은 재임 기간 중에, 국회 의원은 국회가 열리는 기간 중에 수사를 받거나 체포되지 않아요. 또 우리나라에 거주하고 있는 외국의 외교관은 우리나라 법으로는 처벌할 수 없어요.

경제

경제인은 죄를 저질러도 풀어 줄 때가 있어요

👉 경제를 활발히 움직이기 위해 경제인이 죄를 지었더라도 대통령이 사면해 주기도 해요.

회사 돈을 빼돌리거나, 외국으로 보내거나, 공무원에게 뇌물을 주면 큰 벌을 받아요

👉 아무리 자신의 회사라도 돈을 마음대로 사용해서 사회적으로 혼란을 일으키면 벌을 받아요.

 **문화**

우리나라 영화를 보호해요

👉 극장에서는 1년에 1/3 가까이 의무적으로 우리나라 영화를 상영해야 해요(스크린 쿼터제).

전통을 잇기 위해 사람도 문화재로 지정해요

👉 우리의 문화를 지키고 발전시키 위해 전통 춤을 잘 추거나, 전통 노래를 잘 부르거나 전통 공예품을 잘 만드는 사람들을 무형 문화재로 지정하고 있어요.

대기 오염을 막기 위해 오염 공동 방지 시설을 갖춰요

👉 공장이 밀집되어 있는 지역에서는 함께 시설을 갖춰 비용을 줄이고 오염을 효과적으로 막도록 하고 있어요.

바다의 오염을 막기 위해 배에서 기름을 내보내면 안 돼요

👉 다만, 배와 승객의 안전을 위해 필요하다고 판단될 때는 예외예요!

 **환경**

 **동물법**

반려동물을 안전하게 지키고 함부로 버리는 일을 막기 위해 시·도에 따라 동물 등록제를 실시하고 있어요. 반려동물을 키우고 있다면 우리 동네는 어떤지 알아보고 꼭 등록해야 해요!

이런 사회법을 만들어요

자, 이제 마지막으로 어린이 특별시의 사회법을 만들어 볼까요?
어린이들을 위한 사회법이 많지만 어린이의 고충은 어린이만 알 테니까요.

동심을 법으로!

　어린 시절을 전혀 기억하지 못하는 것 같은 어른들을 자주 본다는 의견이 나왔네요. 어린이들이 신나게 놀면 시끄럽다고 인상 쓰고, 장난치는 것을 이해할 수 없다는 표정으로 쳐다보고요? 그런 시선들이 매우 불쾌하다고요? 그런 어른들에게 어린 시절을 되돌아보게 하고 어린이들의 마음을 이해하게 하고 싶다고요? 어린이를 이해하지 못하는 어른들에게 필히 '어린이 체험 과정'을 거치도록 하는 법안을 제출해 봐요!

신분을 법으로!

어른들이 아이들을 소유물로 생각하는 이유는 어른과 달리 주민등록증이 없기 때문이라고요? 독립된 신분증 없이 누군가의 아들 딸로 기록되니까 어른 맘대로 하려 한다는 거군요. 주민등록증은 만 17세가 되면 나오는데 조금 기다리면 어떨까요? 아! 당장 신분증을 받고 부모님의 구속으로부터 벗어나고 싶다는군요. 일단 법안으로 제출해 봐요. 어린이 특별시니까 가능할지도 모르지요!

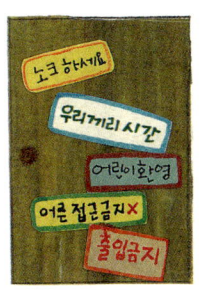

전용 구역을 법으로!

어린이 전용 구역을 만들어야 한다고요? 어른은 절대 출입할 수 없게 말이지요? 어른들이 전혀 간섭하지 않는 공간이 필요하다는 거군요.

어린이 정치인을 법으로!

어린이 국회 의원을 뽑아 국회가 열릴 때마가 참석시켜야 한다는 의견이 많네요. 어린이가 제안한 법을 만들고 계속해서 어린이의 입장을 대변하기 위해 어린이 국회 의원이 활동을 해야 한다는 것이지요. 어린이 특별시가 세워진 만큼 어린이 국회 의원을 뽑는 게 무엇보다 중요한 것 같네요. 이것도 법안으로 제출해 봐요.

사회법 만들기 실전편

이제 마지막으로 사회법을 만들어 볼 차례예요.
가족법과 학교법보다 범위가 넓어 어려운가요? 사회에 관심을 가지면
여러 법률안이 떠올라 오히려 고르기 어려울지도 몰라요!
자, 먼저 회전판을 하나 크게 그리고 만들고 싶은 사회법을 넣어요.

상상만 해도 신나는 세상이겠네요! 어린이들에게 말이지요!
어느 법률안을 고를지 고민이 된다면 회전판을 돌려요, 신나게!
그리고 탁! 화살이 맞은 의견을 법률안으로 채택하면 돼요!

어린이 특별시의 사회법

제1조 어린이 특별시는 어린이의, 어린이에 의한, 어린이를 위한 도시이다.

제2조 어린이 국회 의원을 국회에 참여시켜 어린이의 의견을 정정당당히 밝힌다.

제3조 어른들이 동심을 잃지 않도록 1년에 한 번씩 동심 체험 교육을 의무화한다.
　　　(25세 이상 어른에게 해당)

제4조 어른은 절대 출입할 수 없는 어린이 전용 구역을 설치한다.

제5조 어린이 등록증을 만든다.

제6조 어린이가 다니는 곳은 무조건 안전하게 만든다.

세계 속 별별 사회법

세계에는 나라마다 사는 문화가 다른 만큼 별별 희한한 법들이 많아요. 우리나라에는 없는 신기한 법들도 있지요. 한번 알아볼까요? 아마 눈이 휘둥그레질지도 몰라요!

싱가폴은 거리 곳곳에 센 벌금이 도사리고 있어요
- 무단 횡단하면 벌금!
- 쓰레기 버려도 벌금!
- 껌 뱉어도 벌금!

영국에서는 우표를 거꾸로 붙이면 불법이에요
감히 폐하의 얼굴을 거꾸로 붙이다니!
반역죄!

엘살바도르의 수도에서는 술 먹고 운전하면 사형이에요
음주운전, 총살형!

법안 통과하기

이제 여러분들이 만든 가족법, 학교법, 사회법의
법률안이 진짜 법으로 탄생되는 순간이 가까워졌군요.
여러분이 어린이 특별시에 필요하다고 생각한 법안들이니
꼭 통과되어서 어린이 특별시의 훌륭한 법이 되길
기대해 봐요!

법은 이렇게 만들어져요

자, 지금까지 애써 만든 법률안들이 국회에 제출되는 순간이에요. 사실 법률안은 내 마음대로 만들었지만 법이 될지는 지켜봐야 해요. 국회에 들어간다고 다 법이 되는 것은 아니거든요. 법률안이 법으로 되는 과정이 있답니다. 법이 만들어지는 과정을 먼저 알아봐야겠군요.

① 발의하기

어떤 법을 새로 만들지 의견을 내놓는 것이 '발의'예요. 국회 의원과 대통령이 어떤 만들 법을 제시해요. 여러분이 법률안을 내놓은 것처럼 말이지요.

② 심사하기

제안된 법률이 타당한지 심사하는 과정이에요. 아무거나 법으로 정할 수는 없는 법! 법안에 해당하는 전문가들이 꼼꼼히 분석해서 법으로 만들어도 문제가 없는지 따져 놓으면 담당 입법공무원들이 우리나라 실정에 맞는지 확인하는 절차를 거쳐요.

③ 의결하기

심의를 거친 법안을 실제 법으로 만들지 투표하는 과정이 '의결'이에요. 그냥 마음에 든다고 찬성 버튼 누르는 건 아니고요. 국회 의원들도 질문, 토

론하면서 법안에 대해 신중히 생각한 뒤 결정해요. 국회 의원 과반수 이상이 출석하고 출석 의원 과반수 이상이 찬성해야 의결이 이루어져요.

4 공포하기

새로운 법을 드디어 세상에 알리는 거예요. 물론 만든 다음 날부터 당장 법을 지키라고 하지는 않아요. 많은 사람들이 새로운 법에 대해 알 시간이 필요하니까요. 국회에서 만든 법은 15일 이내에 대통령이 발표(공포)하고, 20일 이내에 적용된답니다.

무시무시한 최초의 성문법

옛날에, 매우 착한 사람이라도 두 명 이상 모여 살면 법이 필요하지 않았을까요? 부락을 이루고 공동체 생활을 하게 되었을 때는 두말할 필요도 없었겠죠? 모두 모두 다 착하다고 해도 말이지요.
그중에 글자로 적힌 최초의 성문법은 고대 바빌로니아 왕국의 함무라비 법전이에요.

함무라비 법전

196조 자유인의 눈을 뺀 자는 그 눈을 뺀다.
197조 자유인의 뼈를 부러뜨린 자는 그 뼈를 부러뜨린다.
198조 천민의 눈을 빼거나 뼈를 부러뜨린 자는 은 1마누의 형에 처한다.
204조 천민이 천민의 뺨을 치면 10시클의 형(벌금)에 처한다.
205조 노예가 자유인의 뺨을 치면 그 귀를 자른다.

함무라비 왕이 나라를 잘 다스리기 위해 고민해서 만든 법전이라는데, 그 시대의 신분 사회와 법의 성격을 잘 보여 주는 법이에요. 아무튼 효과는 끝내줬을 것 같아요. 웬만히 용감해서는 법을 어기기가 어려웠을 거예요.

어린이 특별시 법안 통과하기

여기는 국회 본회의장입니다.
어린이 대표 세 명이 어린이 특별시의 법률안을 발의할 국회 의원을 만나고 있어요. 과연 어린이 특별시의 새 법률안이 의결될지 같이 지켜볼까요?

강동심 의원: 어서 오세요, 저는 순수한 동심을 항상 기억하는 국회 의원 '강동심'입니다! 지금도 국회가 쉴 때면 밤하늘을 보며 어린 왕자를 기억하죠! 하하하!

어린이 대표 1: 푸훗! 안녕하세요, 의원님! 저희가 만든 법률안이 통과될 수 있도록 잘 발의해 주세요!

강동심 의원: 물론이죠. 여기 계신 안전 행정 위원회 의원들도 어린이 특별시의 법률안에 관심이 아주 많답니다.

강동심 의원: 어린이 특별시는 무엇보다 어린이의, 어린이에 의한, 어린이를 위한 곳이 되어야 하므로 이 세 법률안이 꼭 필요하다고 봅니다!

A 의원: 어린이의 인격을 법으로 보호하는 것은 당연한 일입니다.

B 의원: 너무 어린이의 인격만 생각하다 이거, 어른들 너무 피곤해지는 거 아닙니까?

어린이 대표 1: (찌릿)아저씨, 어린이도 등록증이 나오면 저도 투표권이 생길지 몰라요.

B 의원: 음, 어린이의 인격을 존중하도록 하죠!

C 의원: 어린이의 입장을 이해해 달라는 취지는 이해되나 어른과 어린이가 24시간 역할을 바꾼다는 건 현실적으로 불가능하지 않나요?

D 의원: 시간을 좀 조정하면 취지는 나쁘지 않군요.

강동심 의원: 어린이의 정서를 위해 놀기 필수 과목 들어가는 거, 아주 맘에 들어요!

국회 의장: 자, 의원님들 이제 투표를 시작하시지요.
　　　　　　찬성인지 반대인지 버튼을 눌러 주세요.

 의원들: (진지하게 꾸욱)

 어린이 대표 2: (속삭이는 소리로) 전광판에 불이 들어오고 있어!

 어린이 대표 3: 파랑이 훨씬 많아!

 어린이 대표 1: 빨강도 있어! 의결이 안 되면 어쩌지?

 국회 의장: 찬성 185표, 반대 6표, 기권 4표!
　　　　　　출석하신 국회 의원의 반 이상이 찬성하므로
　　　　　　어린이 특별시의 가족법, 학교법, 사회법이
　　　　　　의결되었음을 선포합니다. 탕! 탕! 탕!

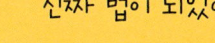 어린이 대표들: 와! 우리가 만든 법률안이
　　　　　　　　　　　　　진짜 법이 되었어!

 강동심 의원: 정말 감격스럽습니다, 훌쩍!

국회, 이런 일도 하네!

국회에서 법을 제안하고, 심사하고 결정한 국회 의원들은 바로 국민이 선거를 통해 뽑은 사람들이에요. 국회는 법뿐 아니라 여러 나랏일에 국민의 뜻을 반영하는 역할을 한다고 할 수 있어요. 그래서 중요한 나랏일을 살피고 결정하는 일들을 국회에서 하고 있어요.

세금이 올바로 쓰이는지 계획하고 점검해요

☞ 국회는 국민이 낸 세금이 국가 발전을 위해 제대로 쓰이는지 심사하고 검토해요.

정부가 나라를 잘 이끄는지 살펴요

☞ 국정 감사, 국정 조사 같은 활동을 통해 정부의 활동을 감시하기도 해요. 정부가 일을 열심히 하도록 말이지요.

정부와 같이 국가를 이끌어 가요

👉 국무총리나 장관을 국회로 불러 국가의 중요한 문제에 대해 질문하고 적절한 답변을 요구할 수 있어요.

고위 관리를 뽑는 데 관여해요

👉 대법원장, 대법관, 헌법 재판소장, 국세청장, 검찰 총장 등 국가 고위 관리를 뽑을 때 인사 청문회를 통해 자격이 있는지 판단하지요.

외국과 조약을 맺거나 군대를 파병하는 데 관여해요

👉 정부에서 외국과 조약을 맺거나 군대를 파견할 때는 국회의 동의가 있어야 해요.

법률 실천하기

법이 만들어지기만 하고 지켜지지 않는다면 법을 만든 효과는 없어요. 법은 지키라고 만든 거랍니다. 법을 어기면 벌도 받아요!

훈방

말로만 훈계하고 풀어 주는 경우를 말해요. 가벼운 죄를 지었을 때 훈방을 해요. 큰 잘못을 한 사람에겐 무거운 벌이 따르고요.

벌금

죗값을 자신의 돈으로 치루는 형벌이에요. 과료, 몰수와 같이 재산형에 속하지요.

징역

일정한 장소에 범죄자를 가두어 놓고 자유를 뺏는 벌이에요.

재판

죄는 미워도 맘대로 벌을 줄 수는 없어요. 재판을 거쳐 형을 선고해야 벌을 줄 수 있어요.

재판하기

검사 사건이 일어나면 경찰을 지휘해서 사건을 조사하고 범죄 사실이 드러나면 법원에 공소를 낸답니다. 이때 검사는 죄를 추궁하는 역할을 하고 범죄자로 지목된 사람은 피고인이 되어 재판에 성실하게 나가야 해요.

변호사 재판을 할 때 법을 잘 모르는 사람들을 위해 사건을 대리해 주거나, 범죄자를 변호하는 역할을 해요.

판사 재판을 맡아서 검사와 변호사의 의견을 듣고 최종적으로 판결을 내려요.

증인 검사나 변호사의 질문에 자신이 알고 있는 사실을 답해서 재판의 증거를 확보하게 해요. 우리나라 국민이라면 누구나 증인으로서 법원에 출석할 의무가 있으며, 거짓 진술을 하면 위증죄에 해당돼요.

모든 준비는 끝났다!

지금까지 여러분이 만들고 싶은 어린이 특별시의 세 가지 법을 만들어 보았어요. 여러분이 만든 가족법, 학교법, 사회법은 어린이 특별시의 사회 질서를 유지하는 바탕이 될 거예요.

앞으로 더 많은 법이 필요하겠죠? 막 세워진 도시는 점점 더 커질 수도 있고 새로운 문제들이 자꾸 생겨날 테니까요. 시간이 지나면 지금까지 열심히 생각한 법을 개정해야 할지도 모르고, 예상 못한 문제들이 툭툭 튀어나올지도 몰라요!

하지만 이미 법을 만들어 본 어린이 특별시의 어린이라면 얼마든지 법을 만들 수 있겠죠? 여러분이 뽑은 국회 의원을 국회로 출석시키고 법안 발의와 심사, 의결까지 참여시켜 여러분의 뜻을 행정에 반영하게 할 수도 있을 거예요.

여러분은 이미 개인과 사회에 진정으로 필요한 법을 만들고 지킬 수 있는 성숙한 시민으로 발걸음을 내딛었으니까요!

어린이 특별시의 법을 소개합니다!

목적: 몸과 마음이 건강하고 행복한 어린이 도시 만들기.

적용 범위: 어린이 특별시 전 지역, 부러우면 다른 지역도 따라 해도 좋음.

적용 대상: 어린이 특별시 내의 모든 시민과 어린 시절을 기억하는 어른들.

특별시의 의무: 어린이들이 정한 법률이 잘 지켜지도록 독려하여 어린이가 살기 좋은 도시 만들기.

강제 수단: 역할 바꾸기, 안아 주기, 수업 금지, 동심 체험.

기타 필요한 사항: 진정한 어린이 천국으로 거듭나기 위해 어린이들의 필요 사항에 따라 때때로 법을 개정한다.

가족법
정의: 무조건 어린이를 행복하게 해 준다.
주요 내용:
어린이가 듣기 싫어하는 말은 하지 않는다.
주말에는 늘 가족과 함께 시간을 보낸다.
체벌보다는 따뜻한 말로 타이른다.

학교법
정의: 무조건 어린이가 학교를 가고 싶게 만든다.
주요 내용:
어린이가 좋아하는 수업을 한다.
놀기를 필수 과목으로 정한다.
꽃을 가꾸는 것처럼 사랑으로 대해 준다.

사회법
정의: 무조건 어린이의 마음을 이해해 준다.
주요 내용:
어린이를 위한 전용 구역을 만든다.
어린이도 신분증을 만들어 준다.
어른들이 동심을 잃지 않도록 교육을 의무화한다.

내가 만든 법을 소개합니다!

목적:

적용 범위:

적용 대상:

특별시의 의무:

강제 수단:

기타 필요한 사항:

가족법

정의:

주요 내용:

학교법

정의: _____

주요 내용: _____

사회법

정의: _____

주요 내용: _____

한눈에 보는 법 만들기

법이 만들어지는 과정을 꼼꼼하게 따라가다 보면
어느새 나만의 법을 뚝딱 만들 수 있을 거예요.
자, 지금부터 어린이에게 꼭 필요한 법을 만들어 볼까요?

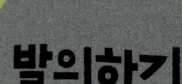

4단계 법안 통과하기

시작

발의하기

심사하기

의결하기

세상에 법이 필요하다는 사실 알기

어린이도 법을 만들 수 있다는 자신감 갖기

어린이 법제관 제도

1단계 가족법 만들기

가족법 알아보기

다양한 가족 알아보기

용어 설명

행정 구역: 중앙 행정 기관이나 지방 자치 단체 등 행정을 하는 기관의 권한이 미치는 구역.

로스쿨: 법을 전공하지 않고도 새로 입학해서 법학 교육을 받을 수 있는 법학전문대학원.

법제처: 법령안의 심사와 기타 법에 관한 사무를 맡아보는 중앙 행정 기관.

법제관: 법률안을 만들거나 다듬는 역할을 하는 정부와 입법부의 공무원.

유언: 죽음에 이르러 남기는 말.

상속: 친족 관계에서 한 사람이 사망한 후에 다른 사람에게 재산에 관한 권리와 의무를 넘기는 것.

법전: 국가가 정한 체계적이고 통일된 법들을 모은 책.

호주제: 집안의 주인인 호주를 중심으로 가족 구성원들의 출생, 혼인, 사망 등 신분 변동을 기록한 것.(민법이 개정되어서 현재에는 폐지됨)

부역: 옛 제도로서 나라가 특정한 공익사업을 위하여 보수 없이 국민에게 의무적으로 책임을 지우는 노역.

치외 법권: 다른 나라에 있으면서 그 나라의 국내법을 따르지 않아도 되는 권리.

내란죄: 정부를 뒤엎거나 국토의 한 지역을 차지하여 독립을 꾀하거나 폭동을 일으키는 죄.

시민권: 일반 국민이나 주민이 누리고 가지는 권리.

영주권: 일정한 자격을 갖춘 외국인에게 주는, 그 나라에서 오래 살 수 있는 권리.

과료: 벌금보다 가벼운 재산형의 하나.

몰수: 형법에서 범죄 행위에 제공한 물건이나 범죄 행위의 결과로 얻은 물건 등을 국가에서 거두어들이는 것.

청문회: 어떤 문제에 대해 내용을 듣고 그에 대해 물어보는 모임. 주로 국가 기관에서 입법 및 행정상 결정을 내릴 때 관계된 사람의 의견을 듣기 위해 개최함.

파병: 군대를 파견함.

국회 본회의: 국회에서 법률안과 예산안이 최종적으로 통과되는 회의로 상당수의 국회 의원이 참석하여 의결함.

국정 감사: 국회가 정기회 회기 중에 행정부의 국정 수행이나 예산 집행 등 국정 전반에 관해 행하는 감사.

소송: 재판을 통해 원고와 피고 사이의 권리나 의무를 따져 줄 것을 법원에 요구하는 것. 형사 재판에서 검사와 피고인이 다투는 것도 소송의 한 형태.

원고: 법원에 소송을 제기한 사람.

피고: 소송에서 소송을 당한 사람.

답은 ❸번 8조법이에요.
우리나라의 첫 국가인 고조선에서 만든 법이지요.
8개의 항목으로 다른 사람의 생명과 재산을 소중히 여기는 생각을
엿볼 수 있어요. 우리나라는 정말 일찍부터 법치 국가였답니다!

토토 사회 놀이터
내가 법을 만든다면?

초판 1쇄 2015년 12월 24일 | 초판 5쇄 2023년 2월 17일
글 유재원, 한정아 | 그림 박지은
기획·편집 박설아 | 디자인 권석연 | 마케팅 강백산, 강지연
펴낸이 이재일 | 펴낸곳 토토북 04034 서울시 마포구 양화로11길 18, 3층(서교동, 원오빌딩)
전화 02-332-6255 | 팩스 02-332-6286 | 홈페이지 www.totobook.com | 전자우편 totobooks@hanmail.net
출판등록 2002년 5월 30일 제10-2394호 | ISBN 978-89-6496-287-9 74300 978-89-6496-257-2 74300(세트)

ⓒ유재원, 한정아, 박지은 2015

이 책은 저작권법에 의해 보호를 받는 저작물이므로 무단 전재 및 무단 복제를 금합니다.
잘못된 책은 구입하신 곳에서 바꾸어 드립니다.

| 제품명: 내가 법을 만든다면? | 제조자명: 토토북 | 제조국명: 대한민국 | 전화: 02-332-6255 |
주소: 서울시 마포구 양화로11길 18, 3층(서교동, 원오빌딩) | 제조일: 2023년 2월 17일 | 사용연령: 8세 이상
* KC 인증 유형: 공급자 적합성 확인
* KC마크는 이 제품이 공통안전기준에 적합하였음을 의미합니다.
⚠ 주의 책의 모서리에 다치지 않게 주의하세요.